AF247657

SIÈGE

DE

MILIANAH

—

SES RAVITAILLEMENTS

———

Extrait de la REVUE D'INFANTERIE

PARIS	LIMOGES
11, Place Saint-André-des-Arts.	Nouvelle route d'Aixe, 46.

HENRI CHARLES-LAVAUZELLE

Imprimeur militaire.

SIÈGE

DE

MILIANAH

—

SES RAVITAILLEMENTS

———

Extrait de la REVUE D'INFANTERIE

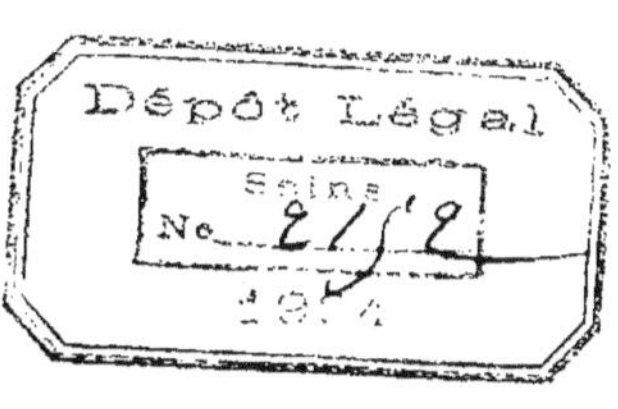

PARIS

11, Place Saint-André-des-Arts.

LIMOGES

Nouvelle route d'Aixe, 46.

Henri CHARLES-LAVAUZELLE

Imprimeur militaire.

—

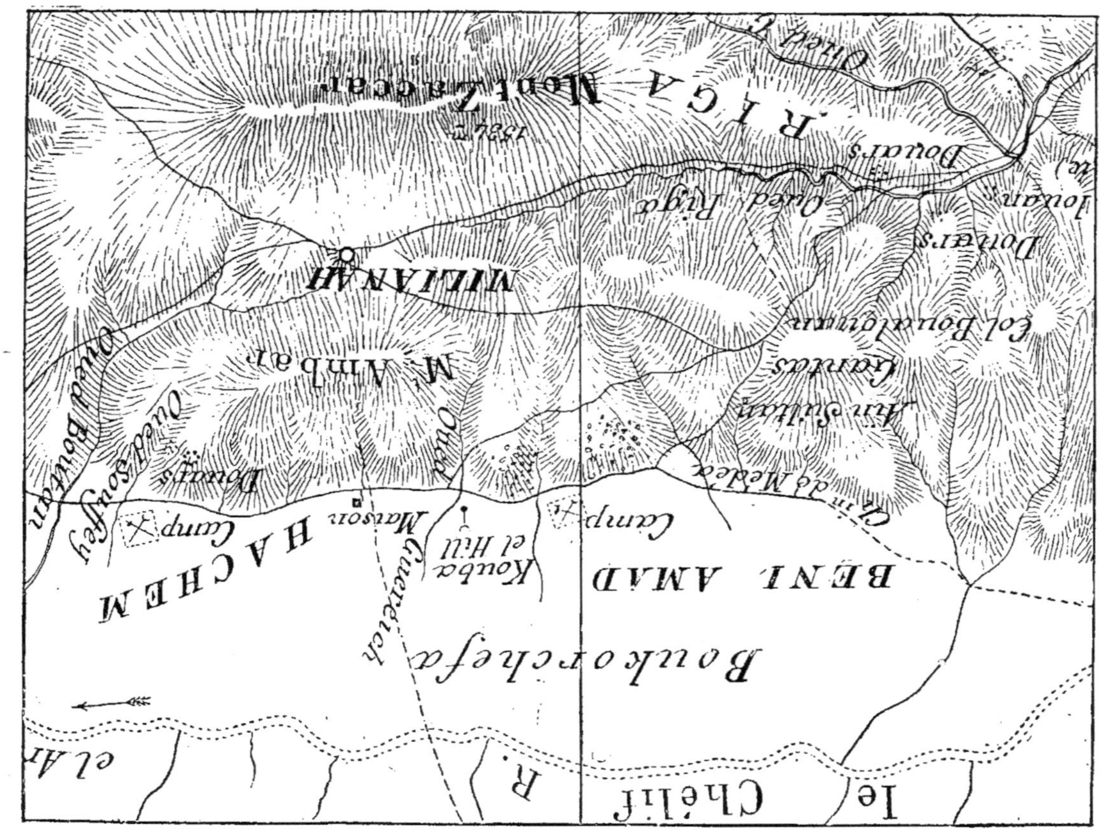

Carte de l'époque, amplifiée photog. par l'auteur (1/200,000).

AVANT-PROPOS

J'apporte ma pierre à l'édifice que notre patriotisme nous
fait un devoir d'élever à notre glorieuse armée et de con-
solider chaque jour.

Je tire de l'oubli, dans lequel il était injustement tombé, le
récit d'un siège trop peu connu et qui mérite d'être placé à
côté des plus mémorables.

Les exemples profitent mieux que les conseils. parce
qu'ils frappent l'imagination.

C'est surtout en étudiant l'histoire nationale que l'homme
apprend à connaître ce qu'il vaut. ce qu'il peut, ce qu'il
doit.

Et, lorsque ces récits sont remplis d'actes héroïques, ils
élèvent le cœur, ils grandissent le caractère, ils préparent
aux grands et sublimes dévouements.

Jeunes gens qui ne faites plus que passer parmi nous, qui
n'apprenez plus guère du métier des armes que la partie
matérielle, ouvrez ce livre et lisez-le : vous y verrez que,
dans la carrière militaire, il n'y a pas qu'un fusil à manier,
une étape à faire, une cartouche à brûler sur le champ de
bataille. Non, il y a place pour les plus nobles sentiments ;
et ces derniers sont capables de nous inspirer l'esprit de
sacrifice, d'abnégation, de renoncement.

Vous verrez que si les Français sont bouillants dans l'atta
que, ils sont tenaces dans la résistance ; que s'ils sont sujets
à la nostalgie et au découragement, ils savent mourir plutôt
que de trahir leur devoir.

S'il vous arrive d'être vous-mêmes bloqués et d'être con-
damnés à subir dans une place toutes les privations et toutes
les souffrances, vous songerez aux héroïques défenseurs de
Milianah, et vous serez alors invincibles derrière vos murail-
lés et sur la brèche.

SIÈGE DE MILIANAH

SES RAVITAILLEMENTS

CHAPITRE Ier

APERÇU GÉOGRAPHIQUE ET HISTORIQUE

La ville moderne. — Ses origines anciennes. — Ce quelle était sous
Abd-el-Kader. — Moyens de communication. — Le maréchal Valée
décide d'occuper Milianah.

Le train d'Alger à Oran, après avoir franchi cinq tunnels,
arrive au pont de l'Oued-Boutan, dans la vallée du Chéliff.

Là, le voyageur a juste le temps d'entrevoir, à droite,
entre deux collines, les maisons blanches aux toits rouges
de Milianah, au milieu de jardins verdoyants.

La ville est perchée sur l'un des contreforts méridionaux
du Zaccar, crête rocheuse de plus de 1,500 mètres d'altitude qui appartient à la chaîne du petit Atlas.

Regardant le Sud, elle domine l'immense et étouffante
plaine du Chéliff. Elle connaît les caresses brûlantes du
vent du désert, tandis que la douce et fraîche brise de mer,
arrêtée par la montagne, ne parvient jamais jusqu'à elle.
Son altitude l'expose à de brusques variations de température.

D'origine très ancienne, Milianah fut l'un des jalons de la

grande voie romaine qui reliait Carthage à l'extrémité occidentale de la Mauritanie.

Elle passa, en 1837, sous la domination d'Abd-el-Kader qui en confia le gouvernement à Si M'Bareck, un descendant d'une famille guerrière et vénérée du pays.

Milianah reçut alors une garnison de 900 réguliers et de six pièces de canon. Son territoire était occupé par des tribus vaillantes, toutes dévouées à l'Emir.

Plusieurs chemins reliaient cette ville à Alger. Le plus important était celui d'Oran qui, remontant les gorges de l'Oued-Djer, franchissait l'Atlas au col du Gontas et descendait de là dans la vallée du Chéliff.

Un deuxième chemin, plus mauvais, quittait le précédent à Bordj-Boudouaou, fort ruiné de l'occupation turque, et arrivait à Milianah en remontant la vallée de l'Oued-Righa.

Enfin, une traverse, partant du Gontas, conduisait à la ville en suivant les crêtes ; mais cette traverse était très mauvaise.

En octobre 1839, à la suite de notre expédition aux Portes de Fer, Abd-el-Kader avait recommencé les hostilités.

Le maréchal Valée, alors gouverneur de l'Algérie, résolut d'entreprendre contre lui une campagne décisive.

Il décida l'occupation des places de Médéah et de Milianah qui devaient, selon lui, nous permettre de prendre pied dans la vallée du Chéliff, et d'établir, par cette vallée, des communications avec Oran.

CHAPITRE II

———

Arrivée de la garnison. — Aspect de la ville. — Départ de la colonne.
Travaux d'installation. — Attaques multiples. — La nostalgie et les
moyens de la combattre. — Organisation défensive. — La colonne
Changarnier vient ravitailler la place. — Les convois d'autrefois et
les convois d'aujourd'hui. — Arabes et Allemands. — Les ruses de
Changarnier. — Comment l'Emir « coupa dans le pont ».

Le 3 juin 1840, le maréchal Valée réunit à Blidah deux
divisions d'infanterie à deux brigades de deux régiments, une
brigade de cavalerie, de l'artillerie, du génie et les services
administratifs, en tout 11,000 hommes et 3,500 chevaux.

Le 4, l'armée se met en marche. Elle atteint, le 7, le col de
Gontas, descend de là dans la vallée du Chéliff, suit sans
être inquiétée le pied des collines, atteint le ravin de l'Oued-
Boutan qu'elle remonte jusqu'à Milianah où elle arrive
le 8 juin.

L'ennemi avait évacué la ville après y avoir mis le feu.

Le premier soin des troupes fut d'éteindre les incendies.

L'armée resta trois jours pour exécuter quelques répara-
tions à l'enceinte et ébaucher, en avant des jardins, quelques
ouvrages défensifs. Deux mosquées furent aménagées : l'une
pour l'hôpital, l'autre pour le service des vivres.

Après cette installation hâtive, la place fut confiée à la
garde du lieutenant-colonel d'Illens, du 3e léger.

La garnison fut composée d'un bataillon du 3e léger, un
bataillon de la légion étrangère, une compagnie de sapeurs
du génie, 45 canonniers avec cinq pièces.

En tout, 1,232 hommes.

Le 12 juin, le corps d'armée s'éloigna laissant ce ramassis de masures croulantes et fumantes, ces remparts à demi ruinés et le drapeau français qui flotte sur toute cette désolation, à la garde d'une poignée de braves.

« Je n'avais pu prendre de dispositions sérieuses, dit le commandant supérieur, et l'armée qui partit aussitôt n'en avait pris aucune. Des vivres entassés à la hâte, quelques munitions, quelques outils, c'était tout.

« Je ne pus sans un serrement de cœur voir mes camarades s'éloigner et disparaître derrière les collines.

« Le sentiment de ma responsabilité pesa douloureusement sur mon âme. Heureusement que je ne mesurai pas d'un seul coup, ni toute notre faiblesse, ni tous nos dangers. Si j'avais connu le sort qui attendait nos malheureux soldats, je crois que j'aurais perdu la tête.

« Je me mis à examiner notre séjour, — je puis dire notre prison, — car nous étions cernés de toutes parts, et l'armée n'était pas à quatre lieues qu'on nous tirait déjà des coups de fusil.

» Le mobilier des Arabes est léger; lorsqu'ils s'en vont, il leur est facile de tout emporter avec eux ; ils n'y avaient pas manqué.

» Ce qu'ils s'étaient vus forcés de laisser était brisé. Toutes les maisons offraient des traces d'incendie. Pas une natte, pas une écuelle.

» Abandonnés au milieu du désert, nous n'aurions pas été plus dépourvus. Une odeur infecte régnait dans la ville, qui, de toutes parts, offrait des brèches ouvertes à l'ennemi.

» On était au mois de juin; au soleil, le thermomètre marquait déjà 30°. Il fallait assainir la ville, réparer la muraille, se battre, garder le troupeau, notre unique ressource et le perpétuel objet de la convoitise des Arabes, qui tentaient sans cesse de l'enlever. »

Tous debout derrière les murailles, les défenseurs de Milianah assistent au départ de l'armée dont on aperçoit encore l'arrière-garde suivie par quatre ou cinq bataillons réguliers de l'Emir qui tirent sur elle quelques coups de canon pendant qu'une nombreuse cavalerie la harcèle sur les flancs.

Lorsque nos compagnons ont disparu, on songe à commencer les travaux. Il est urgent de relever l'enceinte et d'achever les ouvrages avancés.

Le commandant supérieur forme deux sections de *francs tirailleurs* pris parmi les meilleurs tireurs des deux bataillons et qui sont destinés à protéger à l'extérieur les travailleurs et le troupeau.

La colonne avait laissé dans la place ses malades et ses blessés au nombre de 103.

Depuis le 12, quelques Kabyles, postés dans les rochers, tiraillent constamment sur les travailleurs des lunettes de gauche et du centre, sur les francs-tirailleurs et sur le troupeau.

Le 15 juin, 5 à 600 Kabyles, formés en trois colonnes, soutenus par quelques compagnies d'infanterie régulière, attaquent à l'improviste nos tirailleurs. Plusieurs gravissent l'escarpement qui conduit à la lunette de gauche qu'ils attaquent par la gorge. Le commandant marche sur eux à la tête de 150 hommes et les culbute. Nous avons un homme tué.

L'attaque est renouvelée le 16, mais elle est plus timide en raison des pertes de la veille.

Le 17 et le 18, les Kabyles, embusqués sur des rochers qui dominent la lunette de gauche, ne cessent de tirer dans l'intérieur de cette lunette ; cette fusillade incessante devient gênante, énervante ; un obus lancé du bastion d'Oran tombe au milieu du principal groupe qu'il disperse et le feu cesse jusqu'à la nuit.

Le 19 et le 20, l'ennemi ne se montre pas, mais la nostalgie commence à s'emparer de la garnison ; il faut combattre ce nouvel ennemi : le spleen.

Le commandant supérieur s'efforce de créer des distractions. Il installe un théâtre, il réunit un certain nombre de chanteurs ; on donnera des concerts chaque dimanche. On trouve des artistes en nombre suffisant dans le bataillon de la légion étrangère.

Les travaux de défense continuent.

Le 21 juin, vers minuit, l'ennemi s'approche du côté de la casbah à la faveur d'un ravin profond et cherche à surprendre les postes, mais il est prévenu et une vigoureuse charge à la baïonnette le repousse.

Le 22, on entend au loin une vive fusillade ; toute la garnison se porte d'instinct aux murailles, on interroge avidement la campagne. On ne voit rien encore, mais la fusillade augmente d'intensité, elle devient de plus en plus distincte. Enfin, vers 10 heures du matin, on aperçoit une grande poussière dans la plaine : c'est l'avant-garde d'une colonne française ; c'est Changarnier, qui vient ravitailler Milianah. Il apporte 53,000 rations de pain et autant de viande.

Le colonel Changarnier venait d'accomplir heureusement une opération que tous les généraux avaient déclarée impossible et que lui seul avait crue praticable.

Il fallait conduire un gros convoi de vivres et de munitions à travers un pays difficile, au milieu de tribus vaillantes dévouées à l'Emir.

Il fallait le faire en présence de la nombreuse et insaisissable cavalerie d'Abd-el-Kader, dont la tactique consistait à éviter les engagements avec nos troupes, mais à les fatiguer, à les démoraliser par des escarmouches incessantes et une fusillade étourdissante à laquelle il était impossible de répondre fructueusement.

Cette cavalerie escortait ainsi nos colonnes qu'elle enveloppait de toutes parts, ne leur laissant même pas la nuit pour se reposer.

Son objectif constant était le convoi dont elle cherchait à s'emparer ou qu'elle s'efforçait de détruire.

Les Arabes sont gens pratiques. Tous les moyens leur semblent bons pour avoir raison de leur ennemi ; mais les meilleurs, et ils savent les choisir, sont ceux qui causent les plus grands dommages à leurs adversaires en les ménageant eux-mêmes.

Les fusils ne partent pas sans cartouches et les hommes ne marchent pas l'estomac vide. La mort de l'ennemi, la vie des défenseurs, tout cela est renfermé dans le convoi sous forme de munitions et de vivres. L'anéantissement du convoi est donc la perte de la colonne.

Voilà pourquoi, évitant la lutte de front, le duel corps à corps, les Arabes viennent s'attacher à nos flancs, à nos derrières et surtout à nos convois inoffensifs et vulnérables.

Nos colonnes sont alors obligées de garder ces derniers avec la plus grande vigilance, d'être en mesure en un instant quelconque de les protéger, car les attaques sont brusques et soudaines. Elles les enveloppent donc de toutes parts : ces formations en carrés mouvants alourdissent et fatiguent singulièrement les colonnes.

Si l'un de ces lourds colosses qui s'appelle corps d'armée. qui s'écoule lentement sur les routes, traînant derrière lui des kilomètres de voitures, se trouvait ainsi harcelé tout le temps de sa marche par de petites colonnes de cavalerie légères et indépendantes, agissant alternativement les unes le jour, les autres la nuit, et n'ayant pas d'autre consigne que d'inquiéter l'ennemi, de l'empêcher de se reposer, de retarder sa marche, de désorganiser ou d'enlever ses convois. sachant se dérober à propos, afin de ne pas s'user en voulant user l'adversaire. il nous semble qu'on verrait bientôt cet immense serpent s'enrouler sur lui-même pour protéger les parties vulnérables et inoffensives de son long corps dans lequel il sentirait s'enfoncer profondément, de toutes parts, les aiguillons de ces ennemis légers, insaisissables.

Que deviendraient les corps d'armée, lorsqu'ils se verraient obligés de marcher avec leurs convois et d'y mêler peut-être des bataillons pour les défendre ?

Qui l'emporterait donc, dans cette lutte du léger contre le lourd ?

C'est chez les Arabes, et non chez les Allemands aux formations lourdes et... timides, que la cavalerie française doit chercher sa tactique de combat. Et c'est avec les Arabes qu'on devra la présenter à l'ennemi dans les guerres de l'avenir. Elle jouera là un rôle auquel elle n'est peut-être pas préparée, mais auquel elle est apte.

Le corps expéditionnaire de Changarnier comprenait 350 zouaves, 900 hommes du 3e léger, 400 du 17e, 1,000 du 23e de ligne, 1,000 du 24e, 400 du 58e, 400 chasseurs d'Afrique, deux compagnies du génie, une batterie de montagne, en tout, 4,600 hommes.

Il partit de Blidah le 22 juin, à la pointe du jour, et se dirigea, avec la moitié de son infanterie et toute sa cavalerie, sur le col de Mouzaïa, paraissant ainsi vouloir aller du côté de Médéah.

L'Emir, prévenu par ses espions, envoya aussitôt toutes ses forces sur ce point qu'elles se mirent à organiser défensivement.

Cependant, tandis que Changarnier longeait avec une lenteur calculée les pentes des collines qui conduisent à Mouzaïa, derrière lui, le reste de ses bataillons, l'artillerie et le convoi gagnaient le plus de terrain possible sur le chemin de Milianah ; puis, quand il jugea qu'ils avaient pris assez d'avance, ils les rejoignit par une marche oblique, de telle sorte que l'avant-garde du matin était devenue l'arrière-garde du soir,

Quand Abd-el-Kader s'avisa de son erreur, il était trop tard et son infanterie était trop loin. Il courut après nous avec sa cavalerie.

Changarnier lui avait habilement dérobé sa marche. Mais alors de toutes parts surgirent des groupes de cavaliers et de fantassins, derrière chaque rocher s'abritait un fusil. C'est au bruit étourdissant des hurlements des hommes, des détonations des armes à feu, du sifflement des balles, des charges sans cesse répétées, que la colonne s'avançait, semblable à un taureau qui serait tombé dans un guêpier. Il fallait l'énergie calme du colonel Changarnier et la valeur éprouvée de ses soldats pour ne pas perdre la tête dans un tel vacarme.

La colonne laissa à Milianah une centaine de blessés et s'en retourna le 24, escortée de nouveau par la fusillade que la garnison de la place ne cessa de percevoir que lorsque l'éloignement en eut trop affaibli l'intensité.

CHAPITRE III

JOURNAL DU SIÉGE. — 2ᵉ PÉRIODE.

Situation d'effectif au 1er juillet. — État des approvisionnements. — Chasseurs d'un nouveau genre. — La maladie commence ses ravages. — Les Arabes recommencent les hostilités. — Plus de tabac. — Mort du capitaine Martin. — La température devient froide et humide. — L'ennemi rétrécit le cercle d'investissement. — Les désertions.— Les rations de vivres sont réduites. — Le péril grandit.

Après le départ de la colonne de ravitaillement, la garnison reprend les travaux de défense ; on travaille près de neuf heures par jour.

La revue du 1ᵉʳ juillet fait ressortir un effectif de 1.297 hommes. Il y a 90 malades à l'hôpital. Ce jour-là, nous avons un homme tué.

La garnison était approvisionnée en vivres, mais on ne lui avait laissé aucune réserve d'habillement et d'équipement. Les chaussures commencent à manquer. Alors, le commandant supérieur fait distribuer aux compagnies les peaux des bœufs et des moutons fraîchement tués. Il ordonne que les souliers soient recouverts d'une espèce d'espadrille faite avec ces peaux. Le premier, il en donne l'exemple.

Le 4 juillet, quelques coups de fusils sont tirés sur la place. Les Kabyles des Righas ont établi, depuis quelques jours, des postes qui font feu sur le poste crénelé et sur le bastion d'Alger.

Une sortie de 200 hommes et d'un obusier de montagne refoule ces postes que l'on poursuit durant 2 kilomètres.

A partir du 7, une diarrhée tenace commence à exercer des ravages dans la garnison.

Le 8, une colonne de 150 Arabes attaque un de nos postes avancés. Elle est repoussée avec pertes.

Depuis plusieurs jours, la garnison n'a plus de tabac; cette privation est très pénible, tous les fumeurs le savent. Sur l'invitation du commandant supérieur, le chirurgien-major fait des expériences sur plusieurs plantes, et il arrive à donner à la feuille de vigne la ressemblance et presque le goût du tabac.

Le 11, la garnison a à regretter la mort du capitaine Martin, blessé dans l'affaire du 8.

Les engagements des francs-tirailleurs avec les bandes de Kabyles qui nous entourent continuent chaque jour, et la fusillade se prolonge fort avant dans la soirée.

En raison de l'accroissement du nombre des malades et des blessés, on est obligé de créer des succursales à l'hôpital.

Malgré tous les efforts que nous faisons pour améliorer leur sort, nos malades sont dépourvus de tout. La plupart sont couchés sur la terre nue. On place les plus gravement atteints sur des sortes de matelas qu'on avait fabriqués, dans les premiers jours du siège, avec des débris de laine ramassée dans les égouts où les Arabes l'avaient noyée avant de s'enfuir et que nous avions lavée tant bien que mal.

Le thermomètre monte depuis quelques jours. Le 13 juillet, il marque 58° au soleil. Le vent du désert commence à s'élever, il souffle sans relâche. Les maladies éclatent avec une violence formidable. En même temps, les efforts de l'ennemi redoublent; jusqu'à ce jour, ils ont porté sur la lunette de gauche; comme cette lunette avait été construite à la hâte, et comme elle ne paraissait pas capable de résistance, le commandant supérieur ordonne qu'elle soit reconstruite avec un réduit.

Les Arabes sèment autour de nous de nombreuses proclamations qui ont pour but d'exciter à la désertion.

Le troupeau de bœufs n'avait plus, pour pâturer, que les herbes desséchées par le sirocco qui se trouvaient devant les ouvrages avancés de la place.

Le 15 juillet, les Arabes mettent le feu à ces herbes.

Le lendemain, ils tentent de s'emparer du troupeau, mais ils sont repoussés par les carabiniers du 3ᵉ léger (1).

Le 16, trois légionnaires passent à l'ennemi, le temps devient froid et humide, ce jour-là ; cette brusque variation dans la température, qui passe d'une chaleur excessive à un froid assez vif, est fatale à la garnison : le 17, il y a 230 hommes à l'hôpital. L'ennemi devient de plus en plus entreprenant. Le 19, il fait une nouvelle tentative sur le troupeau.

L'ennemi organise tout autour de la place une guerre d'incendie. Nos faibles ressources en herbes sèches nous sont enlevées. Faire vivre le troupeau est un problème qui devient de plus en plus difficile à résoudre.

On établit du côté des jardins des canaux d'irrigation pour faire pousser l'herbe.

Le 20, de grandes bandes de tirailleurs ennemis tirent sur le troupeau qu'elles cherchent à envelopper. Deux obus lancés à propos jettent le désordre parmi les assaillants et une sortie faite à 2 heures du soir les repousse. Ce jour-là, six légionnaires passent à l'ennemi.

Le 21, un déserteur des réguliers d'Abd-el-Kader se rend à nous. Il prétend qu'il a été fait prisonnier à Cherchell. Deux légionnaires passent à l'ennemi.

Le 23, le commandant supérieur parvient à se procurer quelques livres de tabac par l'intermédiaire de contrebandiers arabes. La distribution en est faite à titre de gratification aux fumeurs les plus nécessiteux.

---

(1) Les carabiniers étaient armés de fusils de rempart.

Le 24, les Arabes ont de nouveau recours aux moyens de séduction et d'embauchage pour engager nos soldats à la désertion. Plusieurs hommes de la légion étrangère « sont assez lâches pour abandonner le drapeau de la France qui leur a donné asile et passent à l'ennemi ». Des mesures de fermeté et de prudence sont prises pour arrêter les progrès la mal.

Le 25, nous avons un blessé et un tué. Un officier meurt à l'hôpital.

Le nombre des malades augmente. Celui des malheureux officiers de santé diminue : sur sept chirurgiens, quatre sont malades.

Le 26, on trouve un sac de petites pommes de terre. La moitié est distribuée aux troupes, l'autre moitié est semée.

Le 27, le troupeau de bœufs est attaqué avec acharnement. Les Kabyles sont repoussés avec pertes. Nous avons deux blessés. Deux légionnaires passent à l'ennemi.

Dès les premiers jours du blocus, le commandant supérieur avait ordonné que les chiens errants abandonnés fussent réunis en espèces de meutes. Ces chiens, soignés par des soldats chargés de leur nourriture, sont répartis entre les différents bastions et redoutes ; ce sont des gardiens fidèles et vigilants.

Vu l'urgence, le conseil de défense entendu, le commandant supérieur ordonne qu'à partir du 29 juillet les officiers ne recevront plus que les rations suivantes : officiers supérieurs, deux rations au lieu de trois ; officiers subalternes, une ration et demie. Le 30 juillet, les tirailleurs qui gardent le troupeau sont assaillis par une vive fusillade. Un lieutenant de la légion étrangère meurt à l'hôpital d'une fièvre cérébrale. Un légionnaire passe à l'ennemi.

Le 31, il reste peu d'hommes disponibles pour le service. Presque tous les chirurgiens et le plus grand nombre des officiers sont malades.

Les Arabes étaient informés par les déserteurs de la

légion étrangère de l'état d'affaiblissement de la garnison. Les Kabyles des Righas, des Adelias et des Beni-Menasser avaient formé le projet d'une surprise, et ils préparaient une attaque générale qu'ils cachaient sous les apparences d'une tranquillité trompeuse.

CHAPITRE IV

JOURNAL DU SIÈGE. — 3e PÉRIODE

Attaque générale de la place. — Les Arabes sont repoussés, grâce aux prodiges d'héroïsme de la garnison. — Le capitaine Bazaine se fait remarquer par son sang-froid et son habileté. — L'horizon s'assombrit. — Amères réflexions du colonel d'Illens. — Les cadavres sortent des tombes. — Giacomo Abdallah. — Nouveau groupement des forces pour faire face aux attaques continuelles de l'ennemi. — Fin de la 3e période.

Le 1er août, à 5 heures du matin, des Arabes armés, en grand nombre, occupent les rochers formant le plateau qui domine le poste crénelé en avant duquel allait paître le troupeau. Ce n'est pas sans peine qu'on parvient à les déloger. Par un heureux pressentiment, le commandant supérieur marchait, ce jour là, avec le détachement formant la garde des bœufs et l'avait fait appuyer par un obusier de montagne.

Vers 6 heures du matin, de nombreuses bandes armées s'approchent.

Le capitaine d'artillerie fait lancer quelques obus sur les groupes ennemis. Bientôt s'engage une vive fusillade, mais elle cesse vers 7 heures. Quelques instants après, l'ennemi, au nombre de 600 hommes, parmi lesquels beaucoup de réguliers, entendant le bruit d'une attaque venant de la partie Ouest de la ville et qu'il paraissait attendre, recommence le combat.

Il s'excite par de grands cris et s'avance avec rapidité et

résolution. Il est reçu par une décharge faite à bout portant et l'on se bat, pour ainsi dire, corps à corps. Nos soldats ne perdent pas un pouce de terrain. Au même moment, quatre ou cinq cents Kabyles des Beni-Menacers, guidés par des réguliers, se forment en plusieurs colonnes et se précipitent comme une avalanche sur la redoute de gauche, qu'ils attaquent par tous les côtés à la fois. Plusieurs arrivent jusqu'à dix pas de la gorge. Cette redoute n'était pas encore terminée. Ils sont reçus par un feu bien nourri auquel viennent se joindre des obus tirés des bastions de la place. Ils se retirent; nous avons 9 tués et 6 blessés. Le capitaine Bazaine, de la légion étrangère, est cité comme un homme d'expérience et de résolution.

Le 2 août, quelques centaines d'Arabes menacent de nouveau le troupeau.

Le 4 août, comme l'ennemi nous laisse en repos, nous travaillons à l'achèvement de la redoute Portarien. Le 5, deux légionnaires passent à l'ennemi.

Ce jour-là, le thermomètre marque 48 degrés à l'ombre.

L'hôpital et ses succursales ne peuvent plus suffire à contenir tous les malades. Presque tous les officiers de santé et les infirmiers sont malades.

Le 6, un légionnaire passe à l'ennemi.

Le 7, un légionnaire passe à l'ennemi.

Le 9, nous avons un homme tué.

La chaleur et les maladies augmentent. Il reste bien peu d'hommes valides.

Le 10, nous avons un homme tué.

Le 12, l'ennemi tente d'incendier les herbes; il est repoussé. Nous avons deux hommes blessés.

La maladie semble avoir perdu de sa malignité, mais le nombre des malades augmente toujours. Il devient difficile d'assurer le service.

Le 15, l'ennemi attaque nos travailleurs de la lunette Portarien. Nous avons deux blessés.

Le 16, la température à l'ombre est de 45 degrés centi-grades. Le vent du désert souffle avec violence.

Un légionnaire passe à l'ennemi.

Nous sommes absolument sans nouvelles de nos camara-des et de la France. Le lieutenant-colonel d'Illens voit avec terreur les vivres diminuer d'autant plus rapidement que les mites s'y sont mises. Dans un mouvement de désespoir bien légitime, le commandant supérieur écrit dans son journal du siège : « Hélas ! nos privations morales sont si grandes, qu'il serait temps que nos maux physiques diminuassent un peu. »

Il parvient à décider un Piémontais, Giacomo Martini dit Abdallah, homme au courant des mœurs et de la langue arabes pour avoir vécu longtemps dans les tribus, à se char-ger de porter au gouverneur, à Blidah, une lettre chiffrée.

« Cet homme brave et entreprenant, dit le colonel d'Illens, s'est mis en route hier, à 2 heures du matin. Dieu fasse qu'il arrive à bon port et surtout qu'il m'apporte une réponse ! Depuis deux mois, nous sommes sans nouvelles ni commu-nications aucunes, lorsque déjà nos privations physiques sont si grandes. »

Pour s'assurer de nos pertes, les Arabes venaient comp-ter les fosses dont nous entourions les murs de la ville, et tous les jours nous en creusions de nouvelles. Le comman-dant supérieur ordonna alors qu'on les fit plus profondes et que dans chacune on mit à la fois plusieurs cadavres.

Les soldats obéirent, mais leurs forces épuisées ne leur permettaient pas de creuser bien avant. Un matin, ceux qui devaient à leur tour remplir ce lugubre office vinrent, tout effarés, dire que les morts sortaient de terre. La terre, en effet, n'avait pas gardé son dépôt; elle était inhospitalière aux morts comme aux vivants. La fermentation de ces cada-vres l'avait soulevée; elle rendait à nos regards les restes décomposés de nos compagnons, de nos amis.

« Je ne puis vous dire l'effet de ce spectacle sur des imaginations déjà si frappées. Malade moi-même et me trainant à peine, j'allai présider au travail qu'il fallait faire pour enterrer une seconde fois nos morts. Et, afin que mes intentions fussent à l'avenir mieux remplies, je continuai de conduire ces convois, chaque jour plus nombreux et plus lamentables.

J'avais beau m'armer de toute ma force, je ne pouvais m'y faire. Je m'étais attaché à ces soldats, si bons, si malheureux, si résignés, si braves. »

A partir du 19 août, l'ennemi devient plus pressant, comme si, sentant que notre dernière heure est arrivée, il voulait nous donner le coup de grâce. Il redouble ses attaques principalement contre le troupeau et les francs-tirailleurs qui le gardent. Nous avons un blessé.

Il ne nous reste plus de sel en quantité suffisante pour atteindre les premiers jours d'octobre. Pour en prolonger la durée, le commandant supérieur ordonne qu'il soit mélangé du salpêtre dans la proportion de 1 kilo de salpêtre pour 15 kilos de sel.

Le 22, nous avons un homme blessé.

Le 24, les chaleurs augmentent, le vent du désert souffle. Les maladies font des progrès inquiétants, il ne nous reste plus que très peu d'hommes valides. Le commandant supérieur ordonne que tous les officiers, les chirurgiens et employés seront armés de fusils afin de pouvoir faire au besoin le coup de feu. Il leur en donne lui-même l'exemple.

Afin de faire croire aux Arabes à un plus grand nombre de défenseurs, on place derrière les remparts des mannequins habillés avec les dépouilles des morts.

Le 25, l'ennemi attaque le poste de la porte Portarien et le troupeau.

Pour être en mesure de faire face à toutes les éventualités, le commandant supérieur divise la défense intérieure en trois parties qui ont chacune leur réduit, savoir : la casbah, l'hôpital et la mosquée. Des vivres, des munitions et des outils y seront transportés en temps opportun. Rien n'est changé pour la défense extérieure.

Le 30 août, on observe plus de mouvement que d'habitude parmi les Arabes qui entourent la place. Un capitaine meurt des suites d'un accès pernicieux.

Le 31 août, les Kabyles avaient tendu une embuscade pour surprendre les francs-tirailleurs et le troupeau ; mais ils sont éventés. Nous avons un homme tué.

CHAPITRE V

L'effectif au 1ᵉʳ septembre. — Déplorable situation de la garnison. — L'ennemi redouble ses attaques. — La ration de viande est réduite à 2 hectogrammes. — Les hôpitaux sont pleins. — Les Arabes redoublent d'efforts. — Le lieutenant-colonel d'Illens est obligé de marcher à la tête des troupes pour les repousser. — Arrivée d'un courrier ami. — La place va être secourue. — L'espoir renaît. — Il pleut.

Depuis le 6 juin, il n'est pas tombé une goutte d'eau. Pendant presque tout le mois d'août, le vent du désert a soufflé.

Nous sommes sur les dents. Le 1ᵉʳ septembre, il nous reste environ 150 hommes valides.

La revue d'effectif du 2 septembre donne un total de 722 présents, dont la plupart sont malades. Il y a à l'hôpital 387 malades ou blessés. Le temps est à la pluie, le nombre des malades augmente encore.

On aperçoit le 3, dans la plaine, au sud de la ville, sur les bords du Chéliff, trois camps. On présume que ce sont des tribus nombreuses et armées contre nous. Ce jour-là, nous avons un homme blessé.

Le 4, l'ennemi se montre encore plus entreprenant. Le matin, à la pointe du jour, 3 ou 400 fantassins gravissent le plateau qui est en avant de la porte d'Oran. Ils cherchent à s'approcher du mur d'enceinte, mais ils sont contenus. Nous avons un homme blessé.

Le 5, l'ennemi attaque les travailleurs de la redoute Portarien. Malgré le petit nombre des soldats en état de combattre, les Arabes sont contenus; nous avons un blessé. Les cha-leurs deviennent moins fortes.

Dès la première quinzaine d'août, les travaux de défense ont dù presque entièrement cesser faute de travailleurs valides.

Le 6 septembre, à 5 heures du soir, 500 fantassins ennemis essaient de surprendre la garde du troupeau. Nos tirailleurs se replient. Quelques coups de canon tirés du bastion d'Oran et de la tour du centre arrêtent l'ennemi et le forcent à la retraite. Nous avons un homme tué et deux blessés.

Vu l'urgence, la ration de viande est réduite à 2 hecto-grammes, ce qui permettra de la prolonger jusqu'au 12 octobre; le pain est assuré jusqu'au 16, le sel jusqu'au 10.

Le 7, attaque contre le troupeau qui ne peut plus être gardé que par fort peu de monde. La mortalité s'accroît d'une manière inquiétante. Nous avons 400 malades à l'hôpital et, en dehors, plus de 400 qui ne valent guère mieux.

Le 8, nous avons un homme tué.

Le 10, une distribution de grosses raves provenant des ardins que nous avons créés, est faite aux compagnies. Ces dernières manquaient totalement de légumes à mettre dans la soupe qui ne se mange plus qu'une fois par jour.

Le 11, un capitaine meurt d'un accès pernicieux. Ce jour-là, il y a grande mortalité dans la troupe; nous avons un homme blessé.

Le 12, nous avons un homme tué.

Le 13, l'ennemi tente une attaque contre le troupeau. Il est repoussé; mais nous perdons un homme tué et nous avons un blessé.

Le 14, le temps est au froid et à l'orage, mais sans pluie; ce changement subit de température augmente le nombre des malades et la mortalité. Sur sept officiers de santé, il y en a quatre de malades et deux de convalescents. Presque tous les infirmiers sont malades; nous n'avons plus assez d'hommes bien portants pour les remplacer en nombre suffisant. Nos embarras sont grands. L'ennemi nous tient toujours étroitement bloqués. Le 15, une ligne de tirailleurs ennemis embusqués dans les accidents de terrain qui dominent la lunette fait un feu très vif sur les avant-postes de la garde du troupeau ; ceux-ci sont obligés de se retirer et de ramener le troupeau dans la ville. Nous avons un homme tué.

« On aperçoit autour de nous un assez grand mouvement de Kabyles et de Bédouins. Ils ont l'air de s'occuper d'un déménagement, de se préparer à s'éloigner. Plût à Dieu que ce fût l'indice de la prochaine arrivée de notre armée ! Nos souffrances et nos privations sont grandes ! Hier, le temps, qui a été froid, a été funeste à nos pauvres malades. »

Maintenant que l'ennemi s'est persuadé de l'inutilité de ses efforts pour s'emparer du troupeau, il va chercher à l'empêcher de sortir de la place.

Le 17, dès que le troupeau se montre, il est assailli par une vive fusillade. Nous avons un blessé.

Le même jour, vers 1 heure de l'après-midi, l'ennemi attaque le détachement qui allait relever la garde de la redoute Portarien. Le détachement paraît hésiter. Alors le commandant supérieur se met à la tête de cette poignée d'hommes à peine convalescents et les entraîne à l'attaque de l'ennemi qui est chassé de ses positions. Nous avons un homme tué ; le commandant supérieur est légèrement blessé.

Outre les nombreux Kabyles qui nous tiennent bloqués du côté de Zaccar, nous avons toujours devant nous, au sud, dans la plaine du Chéliff, plusieurs camps ennemis de cavalerie et d'infanterie. Il y a un autre camp, à l'ouest, à 8 kilomètres. Ce camp est d'environ 2.000 hommes, moitié contingent des tribus, moitié réguliers. C'est là que se tient habituellement Abd-el-Kader.

Le 21, le brave Giacomo arrive, nous fêtons son retour, nous lui sautons au cou comme des enfants. Il a vu le gouverneur, il nous rapporte une réponse qui nous comble de joie. Nous allons être débloqués, nous allons pouvoir enfin sortir de cette tombe où nous sommes enterrés vivants, ou plutôt à demi-morts.

A la date du 22, nous avons perdu plus de 500 hommes tant par le feu que par les maladies. L'ennemi paraît se tenir plus éloigné, il a très peu tiré sur nos avant-postes. Le 24, ses postes semblent diminuer autour de nous ; nous avons un homme tué.

A la date du 25 septembre, la force de la garnison est de 531 hommes. Il y en a 313 à l'hôpital.

La pluie tombe enfin !! ...

— Au 3ᵉ léger, il n'y a plus qu'un officier pouvant faire du service, à la légion étrangère également. Il y a des travaux urgents à exécuter pour la défense de la place ; on est obligé de les délaisser parce qu'on n'a plus de travailleurs. Il faut aussi abandonner les petits postes extérieurs qu'on ne peut plus garder. Les jardins sont envahis par une multitude d'Arabes appartenant aux camps ; nous ne sommes plus assez nombreux pour les éloigner.

Le 28, nous avons un blessé.

CHAPITRE V

L'effectif de la garnison au 1ᵉʳ octobre. — L'ennemi montre de l'inquié-
tude. — L'armée de secours approche. — Terribles effets de la nostalgie et de la privation de tabac. — L'avant-garde française apparait
à l'horizon. — La garnison opère une sortie. — Le 2ᵉ bataillon du 3ᵉ
léger est relevé par le 1ᵉʳ bataillon. — L'ennemi qui, s'était retiré,
revient prendre la position de blocus. — Une colonne française vient
faire lever le siège. — Milianah est sauvé, mais au prix de quelles
pertes ! — Mort du colonel d'Illens.

Le 1ᵉʳ octobre, nous avons un homme tué. A cette date, nous avons perdu environ 600 hommes tant par les maladies que par le feu de l'ennemi. Dans la nuit du 1ᵉʳ au 2, nous avons un homme tué.

Les trois camps se sont éloignés dans la direction de Médéah pour aller très probablement au-devant de notre armée.

Il est temps que celle-ci vienne, qu'elle accoure, car il nous est impossible de tenir plus longtemps.

Grâce à mille subterfuges de notre part, les Arabes, tout en nous sachant bien bas, ignorent notre situation exacte et nous respectent. S'ils venaient à savoir que nous ne pouvons plus réunir 150 hommes capables de résister à leurs attaques, c'en serait fait de nous.

Il faut, en les menant à leur poste, donner le bras à ceux qu'on place en faction.

« Ces pauvres soldats, dont le visage maigre et défait s'inondait à chaque instant de sueur, pouvaient à peine se soutenir sur leur jambes tremblantes; n'ayant plus même la force de parler, ils disaient à leurs officiers, avec un regard qui demandait grâce :

» — Mon lieutenant, je ne peux plus aller, je ne peux plus tenir.

» — Allons, mon ami, répondait tristement l'officier qui souvent n'était guère en meilleur état, un peu de cœur, c'est pour le salut de tous. Place-toi là, assieds-toi.

» — Eh bien, oui! répondait le malheureux, content de cette permission. Je vais m'asseoir.

» On l'aidait à défaire son sac; il s'asseyait dessus, son fusil entre ses jambes, contemplant l'espace avec ce morne regard qui ne voit déjà plus. Ses camarades s'éloignaient tête baissée. Bientôt le sergent arrivait et, de la voix qu'ils avaient tous :

» — Mon lieutenant, il faut un homme !

» — Mais il n'y en a plus : que le pauvre un tel reste encore une heure !

» — Un tel a monté sa dernière garde.

» Il fallait conduire, porter presque, un mourant à la place du mort. Et, cependant, on n'a jamais eu à punir un acte d'indiscipline. Mais on ne pouvait leur ordonner de vivre. Quelques-uns devinrent fous, ceux que la nostalgie avait attaqués, ceux dont le cœur était plus sensible, les jeunes soldats qui avaient laissé en France une fiancée qu'ils aimaient encore furent atteints les premiers et ne guérirent pas.

» Après eux, on perdit tous les fumeurs. »

Il était donc bien temps qu'un secours arrivât.

Le 4 octobre, à 6 heures du matin, on entend enfin une vive fusillade. A 7 h. 1/2, l'avant-garde française apparaît, comme d'habitude, au milieu d'un nuage de poussière et de fumée. La colonne était encore commandée par Changarnier, devenu général. On n'avait pu lui donner que 2,000 hommes. Avec ces faibles ressources, il avait encore une fois réussi à faire passer un convoi considérable. Il avait annoncé partout un ravitaillement sur Médéah, et tandis qu'il attirait l'attention et les forces de l'ennemi de ce côté, il s'était avancé vivement sur Milianah, gagnant ainsi une marche sur l'Emir, qui, comme la première fois, ne put atteindre son arrière-garde que lorsque le convoi avait passé.

A 9 heures, le commandant supérieur sort avec le peu d'hommes en état de marcher qu'il peut rassembler et une pièce de canon. Il va prendre position de manière à favoriser l'arrivée de l'armée française dont l'ennemi cherche à arrêter la marche.

La garnison est relevée, sauf le commandant supérieur. Le bataillon du 3ᵉ léger était réduit à une centaine d'hommes.

Le 5 octobre, la colonne expéditionnaire quitte ses bivouacs et se met en marche, accompagnée, comme de coutume, par la fusillade des Arabes. L'ennemi déploie une cavalerie fort nombreuse.

Vers 10 heures du matin, on n'aperçoit plus rien, la place est de nouveau livrée à elle-même.

C'est le 1ᵉʳ bataillon du 3ᵉ léger qui est venu relever le 2ᵉ bataillon et celui de la légion étrangère.

La plupart de ces hommes sont dépourvus d'une partie de leurs effets de première nécessité : chemises, souliers, etc. Les officiers sont sans provisions, ils croyaient en trouver ici !

L'effectif de la nouvelle garnison est de 786 hommes. Il y a dans les hôpitaux 207 malades. Les magasins de vivres sont approvisionnés pour deux mois et le troupeau pour un mois.

Le 9 octobre, les colonnes ennemies qui avaient escorté nos troupes dans la direction de Médéah reparaissent et viennent reprendre leurs positions dans les camps du Chéliff, à deux lieues de Milianah. Les Kabyles se sont éloignés, ils paraissent fatigués et découragés.

L'état sanitaire est satisfaisant, mais la mortalité continue parmi les malades de l'ancienne garnison.

Le 23 octobre, l'ennemi n'a plus autour de nous que quelques petits postes éloignés. Nous avons quelques malades dans la nouvelle garnison. La mortalité continue dans l'ancienne. Le 31, un officier meurt d'un accès de fièvre pernicieuse.

Il n'y a plus de viande que pour quelques jours. Il faut réduire encore la ration qui est portée à un hectogramme et quart de viande et une demi-ration de pain.

Le 4 novembre, il ne reste plus au troupeau que sept bœufs de petite espèce.

Le 7, on remarque un assez grand mouvement du côté des Kabyles qui semblent se porter dans la direction de Moulay-Abd-el-Kader, au sud de la ville. Peu après, une vive fusillade retentit de ce côté. Le commandant supérieur réunit 200 hommes et un obusier de montagne, vers 5 h. 1/2 du soir, et fait une sortie pour aller au-devant de nos troupes, qui, à l'entrée de la nuit, s'arrêtent dans la plaine sous Milianah.

Cette troisième expédition marqua la fin du blocus de Milianah, qui avait duré cent cinquante jours. Le lieutenant-colonel d'Illens est relevé.

Lorsque, le 4 octobre, Changarnier vint relever la garnison, nous avions enterré 800 morts.

Les autres, ceux qu'on emmena ou emporta, étaient malades, et leurs sépultures jalonnèrent le chemin.

Eh bien, nous n'avons pas cessé de travailler, nous avons exécuté des travaux considérables. Nous avons mis la place en état de défense; nous avons établi un hôpital. Tout le monde, jusqu'au dernier moment, a rempli son devoir. Toujours l'ennemi nous a craints et respectés. La discipline a été parfaite ; l'union, la concorde, le dévouement n'ont pas cessé de régner entre nous. Au milieu de tant de fatigues, de tant de privations, de tant de misères que nous n'avons pu toutes raconter, il n'y a eu que vingt-cinq déserteurs et c'étaient tous des étrangers, Allemands ou Italiens; pas un seul homme de ces vingt-cinq n'était Français.

Depuis le 9 novembre, près de 400 hommes de l'ancienne garnison sont encore morts soit à Milianah, soit dans les hôpitaux de Blidah, Douéra, Bouffarich et Alger, ce qui porte les pertes à plus de 1,100 hommes. 70 survivaient seuls au 31 décembre.

Six mois plus tard, le brave colonel d'Illens mourait en héros, frappé d'une balle à la tête, sur un champ de bataille.

EPILOGUE

La vérité historique nous a empêché de taire les défections qui se sont produites dans le bataillon de la légion étrangère.

— Mais ce vaillant corps n'a plus à rougir depuis longtemps de la lâcheté de quelques-uns de ceux qu'elle avait reçus dans son sein dans les premières années de son existence.

Car, depuis, dans toutes les campagnes d'Afrique et récemment au Tonkin, elle a fait preuve des plus grandes qualités de bravoure et de solidité.

Tuyen-Quan a racheté Milianah.

Les deux régiments étrangers sont devenus français depuis qu'à l'ombre de leurs drapeaux battent les cœurs de tous les Alsaciens-Lorrains qui ont fui l'annexion et le servage allemands.

Et, puisque nous avons cité ces désertions, nous allons en tirer un enseignement.

Abd-el-Kader était plus habile politique qu'habile tacticien.

Rompant avec les mœurs musulmanes qui livrent au supplice les infidèles tombés entre leurs mains, il lança des proclamations dans le but de pousser, par les plus belles promesses, nos soldats à la désertion. Il espérait sans doute annuler chez nous, par ce moyen, les qualités de résistance à outrance qu'engendre la crainte des supplices.

Il échoua auprès des Français, mais il réussit auprès des étrangers.

C'est une arme qu'il ne faut pas négliger, que la clémence

après la victoire, les bons traitements réservés aux prisonniers, les égards aux déserteurs, quel que soit le mépris que ces derniers nous inspirent.

Si nos soldats en revanche sont maltraités, torturés même par l'adversaire, notre force morale, notre solidité, s'accroissent de tout ce que perd l'ennemi et nos chances de succès deviennent plus grandes.

Paris et Limoges. — Imp. milit. Henri CHARLES-LAVAUZELLE